AF461566

ÉLOGE
DE
M. PIERROT,

Lieutenant du premier Chirurgien du Roi, Prévôt perpétuel & honoraire du Collége royal de Chirurgie de Nancy, Chirurgien-Major des Hôpitaux bourgeois de St. Charles, de St. Julien, & des Renfermeries royales de Nancy & Maréville, Correspondant de l'Académie royale de Chirurgie de Paris, Stipendié des villes de Nancy, Professeur royal de l'art des accouchemens, & Démonstrateur d'Anatomie & de Chirurgie au Collége royal des Médecins de Nancy.

Lu dans une société d'amis, le 12 Juillet 1773.

Par M. COSTE, *Médecin de l'Hôpital royal & militaire de Nancy.*

Sapiens uno minor est jove : dives
Liber, honoratus, pulcher, rex denique regum.
Horat. Epist. lib. 1. Ep. 1.

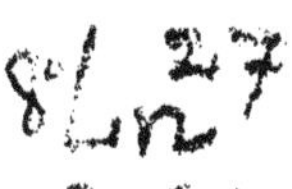

A NANCY,
Chez J. B. HYACINTHE LECLERC, Imprimeur de l'Intendance. 1773.

AVERTISSEMENT.

QUELQUES personnes au sentiment desquelles j'ai cru devoir déférer, m'ont engagé à ne point m'opposer au généreux empressement que M. L*** a témoigné de livrer cet Éloge à l'impression. Son zèle pour la gloire de M. Pierrot son digne ami, a pu le séduire & masquer à ses yeux les imperfections de cet ouvrage d'un moment, écrit à la hâte, & qui n'étoit pas destiné à paroître hors de la société pour laquelle il avoit été fait.

Aura-t-il à la lecture l'avantage que j'avois en le prononçant, & qui sans doute, a fait la plus grande partie de son mérite? Il pas du fonds même des choſes, & qu'on a fait des efforts pour y atteindre.

Mais quoi! Meſſieurs, parce qu'un citoyen ne porta aucun des titres auxquels on eſt convenu d'accorder les honneurs de l'apothéoſe, ſa mémoire triſtement enſevelie avec ſon mérite, ſera-t-elle plutôt oubliée, que ſes reſtes ne ſeront réduits en cendre? appellons de cet abus au tribunal de la raiſon. Un ſavant dont les études n'ont eu pour but que le deſir de s'inſtruire de plus en plus dans l'art de conſerver ſes ſemblables; un Philoſophe dont les travaux, couronnés par les ſuccès les plus conſtans, n'ont été conſacrés qu'au bonheur des hommes & au ſoulagement de leurs infirmités, celui-là, MM. doit être excepté de la multitude. Un être utile à ſes concitoyens, un être dont la trop courte exiſtence n'a été marquée que par les bienfaits qu'il a prodigués, eſt plus grand ſans doute à mes yeux, que celui qui n'a été diſtingué que par une naiſſance qui n'eſt point en notre pouvoir, & par une grandeur qui n'exiſte ſouvent que dans l'opinion. Ses mânes doivent être vengés de l'injuſtice de la coutume & de l'oubli des tems.... & tel que ſes concitoyens porterent dans leurs cœurs, n'a-t-il pas le titre le mieux acquis au ſouvenir de ceux qui lui ſurvivent?

Avoir pu faire le bien & l'avoir pratiqué, n'eſt-ce pas, MM. la prérogative la plus flatteuſe, n'eſt-ce pas le degré de puiſſance qui nous rapproche le plus de la divinité ?

Ce ne ſont donc, ni la coutume, ni le devoir, ni les titres, qui m'impoſent la tâche que je remplis aujourd'hui ; le cœur ſeul en fait les frais. On l'a dit avec raiſon, ce qui part de cette ſource, eſt fait pour y retourner. Non, MM. je n'ai que cet avantage, mais il me tiendra lieu de talens. La vivacité de vos ſentimens ajoutera à la foibleſſe de mon expreſſion. Le ſouvenir d'un homme eſtimable qui vous fut cher, l'émotion qui en eſt inſéparable, la douce extaſe, la tendre mélancolie dans laquelle vous plonge déjà l'idée de cet ami, qui faiſoit vos délices & qui mérite vos regrets, ce lieu qui vous retrace ſon image, ces retours ſur vous-même qu'accompagnent des réflexions triſtes, & dont on aime à ſe repaître, tels ſont les motifs qui me promettent votre indulgence. Vous confondrez l'occaſion & les efforts avec la cauſe. Je ne vous paroîtrai peut-être pas avoir traité mon ſujet ſans intérêt ; mais je ne ſerai redevable de cette idée flatteuſe qu'à votre ſenſibilité.

Ombre de l'homme eſtimable à qui je

rends hommage, ne ſois pas inſenſible toi même à mes accents, & ſi les regrets de t'avoir connu ſi tard, peuvent tenir lieu du mérite involontaire de t'avoir aimé & eſtimé plutôt, combien ceux que j'éprouve ſont ſinceres! Oui, MM. dans cette maiſon, dont vous avez fait le ſanctuaire de l'amitié, de l'honnêteté & du bon goût, puiſſé-je apporter les qualités que vous avez chéries en lui, & mériter une partie des ſentimens dont vous l'avez honoré.

Stanislas-Richard PIERROT, Lieutenant du premier Chirurgien du Roi, Prevôt perpétuel & honoraire du Collége royal de Chirurgie de Nancy, Chirurgien en chef des Hôpitaux bourgeois de Saint-Charles, de Saint-Julien & des Renfermeries royales, ſtipendié des villes de Nancy, Profeſſeur royal de l'art des accouchemens, Correſpondant de l'Académie royale de Chirurgie de Paris, & Démonſtrateur d'Anatomie au Collége royal des Médecins de Nancy, nâquit en cette ville en 1727, de Richard Pierrot & de Jeanne Duval. Une figure aimable & ſpirituelle eſt toujours d'un bon augure; c'eſt ce qui intéreſſe ordinairement le plus dans l'enfance. Celle de M. P. promit beaucoup dès ſes plus tendres années, & les facultés de l'eſprit ſe développant ſucceſſivement en proportion de l'accroiſſement du corps, la vivacité de ſon caractere, la promptitude, la fineſſe de ſes reparties, la facilité de ſa mémoire, tout annonça de bonne heure en lui, qu'il ne reſteroit pas confondu dans la claſſe des hommes ordinaires.

Ce furent-là, ſans doute, les cauſes de ces heureux preſſentimens, qui, au lieu de porter M. ſon pere à lui faire ſuivre le commerce dans lequel il étoit engagé, l'exciterent à ſeconder les diſpoſitions que le jeune P. montra pour l'étude. Il fit ſes claſſes au Collége de Nancy, dirigé alors par les Jéſuites, & dans chacune, il ſe diſtingua déjà par une ſupériorité marquée ſur ſes condiſciples. Une conception facile, une mémoire heureuſe, le diſpenſoient des efforts d'application faits pour les eſprits froids & médiocres, efforts qui ſont la plûpart du tems ſi infructueux! il eut pu compter ſes années ſcolaſtiques par le nombre & la date des prix qu'il avoit remportés.

Ne croyez-pas, MM. que cette diſtinction claſſique faſſe ici une partie de l'éloge de M. P. Je l'apprécie, & je ſais qu'elle fournit tout au plus d'heureuſes préſomptions pour l'avenir. Car tel brille au Collége, qui, à trente ans, jouera quelquefois dans l'état & dans la ſociété le rôle le plus médiocre. Je comparerois volontiers ces prodiges précoces à ces phénomènes potagers, à ces fruits du printems, dont la maturité artificielle séduit plutôt la vue par des dehors avantageux, qu'elle ne flatte le goût par une bonté réelle.

M. P. destiné à être homme dans l'âge viril, ne fut au Collége qu'un enfant vif, badin, enjoué, occupant les premieres places, plutôt à raison de sa grande facilité, qu'à raison d'un travail bien suivi. L'attachement aux jeux de son âge, le lui eut permis difficilement. Ce fut en Rhétorique qu'un goût décidé pour la littérature se fit connoître en lui. Il lut avidement ces chef-d'œuvres de l'art dramatique & de l'art oratoire, qui avoient illustré le siécle d'Auguste & celui de Louis le grand.

En 1742, il commença sa Logique chez les Jésuites. L'art de bien dire lui avoit fourni des pensées, & sembloit avoir aggrandi la sphère de ses connoissances. Cet art, qu'on nomme celui de bien penser, s'accorda moins avec la fougue d'une imagination active, échauffée par la lecture de Crébillon ; avec la grandeur d'une ame élevée par Corneille ; avec la sensibilité d'un cœur attendri par Racine ; avec la légéreté d'un esprit agréable, séduit par les charmes enchanteurs de Voltaire. Ces régles qu'on nous dit propres à former le jugement, parurent à M. P. moins faites pour perfectionner ses idées, qne pour en tarir la source. Il craignit de resserrer les bornes de son génie dans les entraves d'une austere dialectique. Sur ces entrefaites on le menaça de le faire tirer à la *milice*. Ces corps respectables, composés de la partie la plus utile des citoyens, n'avoient pas encore le lustre dont ils auroient dû toujours jouir, & qu'un sage Ministre vient de leur restituer. La crainte de s'y voir confondu, mêlée aux dégouts que la philosophie scholastique avoit inspiré à M. P. l'engagea à prendre parti dans un Régiment de Cavalerie. C'est ainsi, MM. que le hazard, la variété des circonstances, l'inconvénient inséparable des institutions humaines, jettent pour ainsi dire, les dés de notre sort, & qu'un homme se trouve si souvent dans un tout autre état que celui pour lequel il est né. L'Eglise pensa enlever le grand Boerhaave à la Médecine, & l'état militaire priver la Chirurgie des secours dont M. P. devoit l'enrichir. Mais une impulsion secrette ramene les hommes supérieurs vers l'objet auquel la providence les destine. Perrault quitte l'art d'Hippocrate dans lequel il est au dernier rang, pour s'asseoir au premier dans celui de Vitruve; Médecin subalterne, il eut rampé avec la multitude; Architecte supérieur, il élève ces colonnades majeſtueuſes qui annoncent & décorent le palais de nos Rois, & qui lui valent l'immortalité.

M. P. ſervit pendant une campagne entiere ; mais l'art de conſerver les hommes qui devoit ſe l'approprier, revendiqua bientôt ſes droits. Engagé par les circonſtances dans l'art de les détruire, M. P. ſe trouvoit trop éloigné de ſa véritable deſtination. En 1745, à l'âge de dix-huit ans, il quitta entiérement le parti des armes. Il ſentit dès lors combien il étoit important de ne pas tarder d'avantage à ſe donner tout entier à la profeſſion qu'il devoit embraſſer.

M. Petitdidier, Lieutenant du premier Chirurgien du Roi de Pologne, & Chirurgien-Major des Hôpitaux Militaire & Bourgeois de Nancy, fut le maître que M. P. ſe choiſit lui-même. Ce Chirurgien jouiſſoit dans cette ville d'une réputation méritée. D'ailleurs les Hôpitaux dont il étoit chargé, lui fourniſſoient plus de facilité qu'à tout autre pour l'inſtitution de ſes éléves. Dans un art qui eſt tout fondé ſur l'expérience, on ne ſauroit trop ſe familiariſer avec elle ; on ne ſauroît voir trop ſouvent les objets dont on fait ſon étude. La connoiſſance exacte des parties ſur leſquelles le Chirurgien doit s'exercer, & ce ſont toutes celles qui compoſent l'aſſemblage du corps humain; cette connoiſſance exacte, dis-je, eſt la baſe de cette partie eſſentielle de la Médecine. Il en faut convenir, MM. elle ne peut s'acquérir que par des diſſections fréquentes. Les figures les plus exactes n'ont d'autre mérite que celui d'avoir le plus approché de la nature; & tant que les hommes ſeront perſuadés que la copie eſt moins reſſemblante au modèle, qu'il n'eſt reſſemblant à lui-même, on ſera forcé d'avouer que l'étude faite, dans le cabinet, ſur des planches anatomiques, ne peut ſuppléer à celle qui doit ſe faire dans le grand livre de la nature. C'eſt dans celui-là, toujours exact, toujours le même, plutôt que dans les figures imparfaites publiées par ceux qui les avoient précédés, que les Veſale, les Harvée, les Pecquet ont accru leurs connoiſſances & puiſé leurs découvertes importantes. M. P. connut de bonne heure ces vérités, & pendant les dix-huit mois qu'il paſſa chez M. Petitdidier, il ne laiſſa échapper aucune des occaſions fréquentes que les trois hôpitaux, dont ce Chirurgien étoit chargé, lui offrirent de s'inſtruire à fonds de la ſtructure du corps humain.

Il s'appliqua dans le même tems à l'étude de la Phiſiologie. J'entends ce mot, MM. dans le ſens le plus étendu. Cette diſtinction de *Phiſiologie médicinale* & de *Phiſio-*

logie chirurgicale, ne peut être ſaiſie que par ceux qui s'imaginent que le mécaniſme de quelques-unes de nos fonctions eſt indépendant de celui des autres..... comme ſi la nature, dans ſa maniere de nous les faire exercer, eut été tenue de ſuivre la diviſion coutumiere du *département interne* dont le Médecin jouit excluſivement, tandis qu'il abandonne l'*extérieur* à la Chirurgie. Les gens inſtruits ſavent combien de connoiſſances communes à ces deux états, l'un & l'autre exigent.

Au mois d'Octobre 1746, M. Petitdidier donna au jeune P. en le quittant, l'atteſtation la plus flatteuſe ſur ſa bonne conduite, ſur ſon aſſiduité aux leçons, aux panſemens, aux diſſections, ſur les progrès, en un mot, qu'il avoit fait dans la Chirurgie.

Il paſſa à Nancy les deux années qui ſuivirent à fréquenter les Hôpitaux, à comparer le traitement des maladies avec le ſentiment des auteurs, & à vérifier par les faits qu'il avoit ſous les yeux, le plus ou moins de confiance dûe à leurs aſſertions. L'envie de profiter de ſes lectures, de ſes obſervations, & de doubler le profit des unes par les autres, l'engagea dès-lors à former, pour ſon uſage particulier, une ſorte de répertoire, où il pût conſigner, comme dans un tréſor, les principes les plus importants, tirés des phénomènes des maladies, expliqués par les meilleurs Auteurs ; il l'intitula, *Encyclopédie Chirurgicale*, ouvrage qui porte le même titre qu'un autre très-considérable, auquel il a travaillé dans la suite & dont je m'occuperai particulierement, mais qui n'a rien de commun avec lui. Celui-ci contient quantité de problêmes sur la Médecine & sur la Chirurgie, avec les réponses tirées des différens Auteurs, & tendantes à la solution, ou au moins à l'éclaircissement des ces différens problêmes.

La grande confiance que la dextérité & les connoissances de M. P. avoient inspirée à M. Petitdidier, engagea celui-ci à le demander pour son Aide-major à l'Hôpital militaire de Nancy. Une attestation de M. Bagard, Médecin en chef de cet Hôpital, & datée de la même année, certifie que M. P. y avoit rempli les fonctions de Chirurgien, à sa grande satisfaction, & à celle de tous les Soldats auxquels il avoit donné des soins.

Ce témoignage valut sans doute à M. P. la place de Chirrurgien de l'Hôpital militaire de Sarguemines. Ce fut le premier théâtre où il signala ses talens & son habileté dans l'exercice de son art. Les succès qu'il eut à l'Hôpital le firent connoître dans la ville, & il y fut de bonne heure livré à la pratique. C'eſt communément, MM. l'époque où un jeune homme dans la premiere jouiſſance d'une réputation naiſſante, entre le ſentiment intérieur de ſon inſuffiſance qu'il cherche à ſe diſſimuler, & la mauvaiſe vanité de paroître n'ignorer de rien, ſe répand dans les ſociétés, ſous prétexte de faire des connoiſſances, étudie peu & s'accoutume d'autant plus à ne douter de rien. M. P. eut ceci de commun avec tous ceux qui ſont moins jaloux d'éblouir le public, & de s'étourdir eux-mêmes ſur les connoiſſances qui leur manquent, qu'ils ne ſont curieux d'en augmenter la ſomme, & d'être eſtimables à leurs propres yeux: il crut que les momens de loiſir que ſes occupations lui laiſſoient, ne pouvoient être employés plus utilement qu'à amaſſer des matériaux propres à augmenter ſes reſſources dans les cas difficiles qui ſe préſentoient chaque jour à lui. Il rédigea à Sarguemines pluſieurs traités latins ſur les *affections de la tête*, ſur *celles de la poitrine*, & ſur *celles du bas-ventre*; ſur *les maladies des perſonnes du ſexe* & ſur *celles des enfans*. Il raſſembla dans chacun d'eux le ſentiment des praticiens les plus célébres de l'antiquité. Comme c'étoit principalement un recueil de pratique que M. P.

avoit deſſein de ſe procurer, ce fut une raiſon pour lui de mettre à contribution les ouvrages des anciens, & de n'emprunter des modernes, pour perfectionner l'hiſtoire & la curation de chaque maladie, que des vérités de fait, puiſées elles-même dans l'obſervation.

Plus on acquiert du côté des connoiſſances & plus on ſent le beſoin d'en acquérir d'ultérieures. Un génie médiocre, un artiſte ordinaire eſt trop loin de la perfection, pour ſe douter qu'elle exiſte au-delà de ſa ſphère étroite. Il faut être avancé dans le chemin qui y conduit, pour appercevoir le but, & que le deſir de l'atteindre devienne plus vif. M. P. aimé & eſtimé à Sarguemines, environné de la conſidération dûe à ſes talens, fut le ſeul qui ſentit combien il lui reſtoit à faire pour en être vraiment digne. Paris revendiquoit ſes droits ſur un homme fait pour profiter des lumières qu'on puiſe dans ſon ſein. En effet, Paris, cette patrie des ſciences & du goût eſt le centre commun où ſe réuniſſent les hommes ſupérieurs en tout genre, & l'on ſait que l'Académie royale de Chirurgie n'eſt pas celle qui donne le moins de luſtre à cette métropole du monde ſavant.

M. P. ſuivit avec ardeur tous les cours publics qui ſe faiſoient à Saint-Côme. Oſtéologie, Anatomie, opérations, accouchemens, bandages, il s'occupe de toutes les parties de ſon art. Il fréquente aſſidument les Hôpitaux, & ſe met ainſi à portée de pouvoir juger des grandes régles & des principes par le ſuccès de leur application. L'avidité de s'inſtruire ne lui permet de négliger aucune des reſſources que Paris offre à ſon empreſſement. L'étude des langues & un eſprit cultivé le mettent dans le cas de profiter des leçons ſublimes que l'immortel Aſtruc donne au Collége royal ſur la pratique de l'art de guérir; Winſlow le perfectionne dans l'anatomie; il apprend la botanique du célébre Bernard de Juſſieu; Rouelle eſt ſon inſtituteur de chimie; il a pour modèles & pour maîtres dans la Chirurgie les Morand, les Moreau, les Garengeot, &c.... Revenez, MM. de l'étonnement que vous ont donné plus d'une fois l'étendue & la variété de ſes connoiſſances. M. P. avoit porté dans la capitale les diſpoſitions les plus heureuſes, & vous ſavez que la fréquentation des grands hommes électriſe ceux qui les approchent. C'eſt une *affluence* & une *effluence réciproque* dont celui-ci ſut tirer tout l'avantage. Ses maîtres le diſtinguerent de la foule, & les témoignages les plus flatteurs, à la ſuite deſquels on lit les noms des Winſlow, des Gervaiſe, des Petit, des Andouillé, des Sue, ſont des preuves inconteſtables des talens qu'ils lui avoient reconnu & du cas qu'ils en faiſoient.

Arrêtons-nous un inſtant, MM. à cette époque de la vie de votre ami. Vif, gai, d'une figure aimable, dans cet âge heureux qui eſt celui des jouiſſances, au milieu d'une ville ſéduiſante où la volupté ſe reproduit ſous toutes les formes, pour tendre des piéges à la ſageſſe même la plus auſtere.... M. P. né pour le plaiſir & d'une conſtitution propre à l'inſpirer, paroît inſenſible à ſes charmes. Uniquement occupé de s'inſtruire, il craint de ſe ménager des regrets. Il conſigne, à la vérité, pendant ſes courtes récréations, dans un recueil auquel il a beaucoup ajouté depuis, les *bons mots*, les *contes plaiſans*, les *épigrammes*, les *chanſons* qui viennent s'offrir à lui, ſans qu'il les cherche : de ſorte que ſa gayeté ne l'abandonne pas, il ſonge même à faire des proviſions pour elle, mais les démonſtrations en ſont ſuſpendues. Les deux ans qu'il paſſe à Paris, ne lui ſemblent qu'un inſtant. Il y moiſſonne l'inſtruction, il ſait que la ſaiſon d'en jouir ſuccédera, & que c'eſt celle où il lui ſera permis de ſe livrer à ſon naturel enjoué.

Tant de connoiſſances ne devoient pas avoir été raſſemblées en vain. Le caractere actif & bienfaiſant de M. P. n'eut pu lui permettre de laiſſer enfouis des talens qu'il n'avoit perfectionné qu'en vûe de les rendre utiles. Il revint à Nancy, vers le milieu de l'année 1750; le 4 Août suivant il soutint, avec la plus grande distinction, l'examen pour sa réception à la maîtrise en Chirurgie. Le 22 Septembre il se maria avec M.lle Elisabeth Boure, de Sarguemines, avec laquelle il avoit contracté une liaison de cœur, pendant son séjour dans cette ville. C'est pendant le cours d'une année si fertile en événemens pour lui, qu'il mit la derniere main à un petit manuel de pratique chirurgicale, qu'il avoit intitulé *Veni mecum*, & auquel il joignit, l'année suivante, une *méthode de formuler en Chirurgie*. Il commença aussi un *recueil des phénomènes & des observations rares* qui se rencontroient dans sa pratique. Il l'a suivi jusqu'en 1760, & dès lors il les a confondus dans un même *Journal* avec celles dont l'hôpital de S. Charles lui fournissoit la matiere.

Vous concevez à peine, MM. comment M. P. pouvoit suffire à un travail si prodigieux, & vous le concevrez d'autant moins que vous n'ignorez pas qu'il fut employé de très-bonne heure à la pratique de son art. Sa réputation, que de nouvelles preuves de dextérité augmentoient de jour en jour, grossissoit insensiblement le nombre

de

de ceux qui lui donnoient leur confiance ; mais ſon zèle infatigable, loin de chercher dans ces occupations multipliées, un prétexte pour être moins aſſidu aux exercices de ſon cabinet, ſembloit ne faire ſuccéder ceux-ci à celles-là qu'à titre de délaſſement. C'eſt ainſi qu'un grand homme , le ſecond créateur de la Médecine, craignoit de l'oublier. Il ſe demandoit, chaque année, non pas combien il avoit traité de malades , mais quels progrès il avoit fait dans la connoiſſance des maladies. Auſſi l'illuſtre Boerhaave s'étoit-il fait une loi inviolable de partager ſon tems entre la pratique & l'étude. Ce fut encore dans ces premieres années que M. P. compoſa trois volumes de *Remarques de Chirurgie* , puiſées dans les meilleurs Auteurs. Il avoit donné beaucoup de ſoin à la rédaction de cet ouvrage , & l'on ſait que c'étoit de tous ſes recueils celui qu'il mettoit le plus volontiers à contribution dans le cours de ſa pratique.

M. P. paſſa non ſeulement dans le public pour un excellent Chirurgien. Un ſuffrage plus flatteur & moins ſuſpect, devoit mettre le comble à ſa gloire. Ce fut l'eſtime de ſes confrères, & la haute idée que les Médecins de Nancy s'étoient formée de ſes talens. Auſſi ces derniers, jaloux de s'attacher toutes les perſonnes qui cultivent avec diſtinction ce qui tend aux progrès de l'art de guérir, dans une aſſemblée de leur Collége royal, tenue le 27 Janvier 1753, nommerent d'une voix unanime M. P. à la place de Démonſtrateur d'Anatomie & de Chirurgie. Perſonne n'étoit plus en état que lui de juſtifier ce choix honorable, de ſeconder l'empreſſement & tout le zèle de feu M. Bagard, qui avoit été nommé en même tems Profeſſeur de cette ſcience. On ſe ſouvient encore avec plaiſir de la clarté & de la préciſion avec laquelle M. P. démontra les diverſes parties dont M. Bagard expliquoit le mécaniſme.

Le mérite, pour être connu, n'en eſt quelquefois pas mieux recompenſé. Celui de M. P. étoit ſi liant, ſi affable, qu'il étoit fait pour réconcilier la fortune avec les talens. En 1754, M. de la Galaiziere, le pere, Chancelier de Lorraine, le fit nommer, par les Officiers municipaux de Nancy, à l'une des penſions que cette ville accorde à des Chirurgiens diſtingués qui adminiſtrent gratuitement aux pauvres les ſecours de leur art. Cette penſion qui eſt, pour d'autres, un motif de leur donner des ſoins par devoir, fut pour M. P. la récompenſe de ceux qu'il leur avoit prodigués jusques-là par inclination, & qu'il leur eut continués, quand il n'en eut espéré d'autre salaire que la satisfaction d'avoir fait le bien. On sait qu'il n'en avoit pas de plus sensible. Les places de Chirurgien-Major des Hôpitaux de Saint-Charles & de Saint-Julien, qui vaquerent la même année, par la mort de M. Petitdidier, n'exciterent son ambition que par la facilité qu'elles devoient lui procurer d'exercer tout à la fois sa charité & ses talens. Avec quelle exactitude, avec quelle attention ne se livra-t-il pas, dans ces deux Maisons, au service des pauvres, cette portion de l'humanité si respectable par ses malheurs ! L'habitude de voir des infortunés n'avoit pas produit sur M. P. cette insensibilité qu'on attribue aux gens de son état, & dont le reproche est trop général sans doute, pour que l'application n'en soit pas souvent injuste. Si le Chirurgien se laisse étourdir par les cris de celui qu'il opere ; si pour prendre trop de part à ses douleurs, il manque de la promptitude & de la présence d'esprit nécessaires au succès de son opération, c'est un homme foible, qui n'est pas né pour son état & qui doit en changer. M. P. avoit dans l'opération une fermeté d'ame stoïque, que rien n'étoit capable d'émouvoir. Mais combien cette insensibilité apparente &

néceſſaire étoit compenſée enſuite par l'air de douceur, le ton d'affabilité, d'honnêteté, d'humanité, qui ne le quitta pas plus auprès du pauvre, qu'auprès de l'homme riche & puiſſant. Dans ſes malades, c'étoit la qualité d'homme qui fixoit principalement ſon attention. Le reſte étoit pour lui un acceſſoire que le malheur ſeul avoit le droit de ne pas lui faire enviſager avec indifférence. Ce n'eſt pas que M. P. affectât, avec les gens au-deſſus de lui, un air d'aiſance, qui ſous un voile très-mince de prétendue philoſophie, laiſſe percer ſi ſouvent l'orgueil, la noire envie & la mauvaiſe éducation. Il fut décent ſans baſſeſſe, reſpectueux ſans adulation, & ſut ſe concilier par cette conduite l'eſtime, l'amitié & la confiance des grands. Ce n'eſt pas le dernier talent dont un particulier puiſſe tirer gloire, & Horace, qui le poſſédoit ſi bien, en a vivement ſenti & exprimé le mérite.

Principibus placuiſſe viris non ultima laus eſt.
Horat. Epiſt. lib. I. Ep. xvij.

M. de la Galaiziere, Intendant de Lorraine, bon connoiſſeur & toujours empreſſé d'appuyer de ſon crédit ceux que ſon ſuffrage honore, ne crut pas pouvoir confier en de meilleurs mains le ſoin de la maiſon de Réclusion, nouvellement établie à Nancy ſous ſes ordres. Il ſavoit avec quelle prudence, quel zèle & quels succès M. P. avoit exercé la Chirurgie, depuis 1754, dans la maiſon royale de Maréville.

Réfléchiſſez, je vous prie, MM. aux variétés d'âge, de tempéramens, de naiſſance, d'humeurs, de fortune, de circonſtances dans leſquelles ſe trouvent ceux & celles que renferment ces maiſons de force, & vous ſentirez combien, pour les conduire, il faut ſuppoſer de talens & de reſſources, ſoit du côté de l'eſprit, ſoit du côté du cœur. Démêler ce qui tient au moral de ce qui appartient au phiſique; ſavoir apprécier l'influence réciproque de ces deux agents, diſtinguer les regrets du repentir, d'avec les remords de l'impuiſſance & du déſeſpoir, le retour d'une ame honnête, & qui n'a pas été exempte de foibleſſe, d'avec l'hypocriſie qui cherche à en impoſer à la pitié..... Dans tous les cas enfin, faire abſtraction du vice pour plaindre, pour ſoulager le vicieux dans ſes malheurs & ſon infirmité, telles furent les devoirs que l'humanité impoſa à M. P. en lui confiant le ſoin de ces deux établiſſemens. Allez interroger MM. les triſtes habitans de ces lieux, interrogez ceux qui s'applaudiſſent de les avoir quittés, & leurs regrets feront mieux l'apologie de votre ami, que tout ce que j'en pourrois ajouter ici.

Ce ne fut pas aſſez pour M. P. de ſe diſtinguer dans ſon état. Cette gloire perſonnelle le flatoit moins qu'il ne devoit l'être de voir l'art lui-même honoré à Nancy, comme il l'eſt à ſi juſte titre & dans la Capitale de la France & dans le reſte du Royaume. Il étoit queſtion, pour cela, de tirer la Chirurgie de cette eſpéce de langueur dans laquelle elle étoit reſtée en Lorraine ſous l'empire des Ducs & ſous celui même du Roi de Pologne. Par quelle fatalité les regards bienfaiſans de ce Prince ſemblent-ils s'être moins arrêtés ſur cette ſcience ſi néceſſaire à la conſervation des hommes, que ſur bien d'autres qui y avoient un trait moins direct ? Ce fut à la ſollicitation de M. P. que M. de la Martiniere, premier Chirurgien du Roi, s'occupa du ſoin de raſſembler les Chirurgiens de la Lorraine en corps, & de lui donner du luſtre, en le faiſant ériger ſous le nom de *Collége royal de Chirurgie.* M. de la Martiniere, qui connoiſſoit le mérite de M. P. le chargea de compoſer les ſtatuts & les réglemens du nouveau Collége. Il ne ſe livra à ce travail qu'après avoir fait paſſer ſous ſes yeux tout ce qui pouvoit augmenter ſes lumieres ſur la juriſprudence Chirurgicale. Il écrivit à cette occaſion dans les principales villes du Royaume. Il fit venir à grands frais tous les réglemens, ſtatuts, ordonnances, arrêts & chartes concernant la Chirurgie, & ce fut d'après cet examen qu'il rédigea, avec autant de préciſion que de ſageſſe, les articles qui compoſent ceux du Collége de Nancy.

M. de la Martiniere, pour recompenſer ſon zèle, le fit ſon Lieutenant en Lorraine, & le nomma Prévôt perpétuel & honoraire de ce nouveau Collége royal de Chirurgie. M. P. n'y exerça jamais ſes droits de ſupériorité, que pour propoſer, avec plus de force & d'énergie, ce qui lui paroiſſoit devoir concourir au bien & à la gloire de ſon corps. Il ſentit combien l'inſtitution chirurgicale abandonnée à des maîtres particuliers, la plûpart peu en état de former des éleves, étoit défectueuſe. Il crut qu'elle pouvoit même devenir préjudiciable à la Société, à raiſon de l'empiriſme & de la routine à laquelle on s'habitue, ſous un homme, dont les préjugés ne prennent que trop ſouvent, dans la tête de ſon éléve, la place & l'autorité des vrais principes. C'eſt ce qui l'engagea à propoſer à M. de la Martiniere de choiſir, parmi ſes confreres, les plus habiles d'entr'eux pour profeſſer publiquement les différentes parties de la Chirurgie. Il fut nommé lui-même Profeſſeur de l'art des accouchemens. C'eſt un titre qu'il eut dédaigné de porter, sans en remplir les devoirs. Aussi avoit-il rassemblé, à ce dessein, tout ce que les sentimens des plus célébres accoucheurs & sa propre expérience lui avoient appris de plus essentiel. Il avoit même fait une traduction du livre de M. Roëderer, & il se proposoit de la dédier à l'Académie royale de Chirurgie (*a*).

Je ne quitterai pas, MM. l'article du Collége de Nancy, sans vous rappeller ce que vous savez tous, combien M. P. par ses manieres douces & honnêtes avoit su se concilier l'estime & l'attachement de ses confreres. Trois d'entr'eux, après avoir été ses éléves, étoient devenus ses amis, MM. la Flize, Lamoureux & Bertier. Le premier se fit un devoir de lui dédier, comme à son maître, une de ses Thèses, lorsqu'il prit ses grades en Médecine, anecdote que je cite volontiers, parce qu'elle fait autant d'honneur à l'un qu'à l'autre. Je dois encore cette justice à M. la Flize,

---

(*a*) M. Pierrot ignoroit sans doute que ce livre lui-même n'est qu'une traduction latine des leçons du célébre M. Antoine Petit. Quoiqu'il en soit, ce traité est un des meilleurs, & le larcin de M. Roëderer a été si complet & si peu dénaturé, que M. Petit même a été obligé de le lui pardonner, puisqu'en mettant son cours à la portée des étrangers, il a trouvé le moyen d'en rendre l'utilité plus générale.

que perſonne n'ayant plus gagné que lui à la mort prématurée de M. P. dont les places les plus importantes ont paſſé ſur ſa tête, perſonne ne l'a pleuré plus amérement, perſonne ne l'a regretté plus ſincérement que lui. Il n'a vu que la perte qu'il faiſoit de ſon ami & de ſon maître, ſans s'avilir juſqu'à calculer baſſement l'avantage qui lui en revenoit. Que dis-je l'avantage? Il ne s'en eſt apperçu que pour le partager avec la veuve & les enfans de ſon Prédéceſſeur. De pareils traits honorent le cœur humain, & dût la modeſtie de M. la Flize m'en ſavoir mauvais gré, ils étoient d'autant plus à citer ici qu'ils n'honorent pas moins la mémoire de M. P. puiſque l'attachement de ſes amis le ſuit au-delà même du tombeau

Il en eſt d'autres, MM. qui ſe propoſent de lui en donner un témoignage bien ſenſible & bien flatteur, c'eſt de lui ériger à leurs frais une ſtatue dans la ſalle du Collége royal dont il eſt, pour ainſi dire, le fondateur. Vous ne ſauriez croire combien de gens, qui doivent la vie à ſes ſoins, attendent impatiemment de pouvoir prendre part à la ſouſcription qu'on ouvrira à ce deſſein. Ne pourroit-on pas, MM. inſcrire, au bas de la ſtatue, ce vers qui me paroît rendre, tout à la fois, & ſon aſſiduité auprès de ses malades & son zèle pour la gloire de son art.

Hic civibus vitam tempusque dicavit & arti.

Quoique M. P. n'eût encore publié aucun de ses ouvrages, sa réputation n'étoit pas bornée à sa patrie. Il étoit en relation avec les plus célébres Chirurgiens du Royaume, & les lettres des la Martiniere, des Louis, des Morand, des Lecat, trouvées parmi ses papiers, font foi du cas que ces illustres confreres faisoient de ses talens (*a*). L'Académie royale de Chirurgie dont il étoit connu avantageusement par plusieurs mémoires qu'il lui avoit adressés en différens tems, & même par des services essentiels qu'il lui avoit rendus, l'avoit adopté depuis peu en qualité de Correspondant. Le diplome d'aggrégation est daté du 4 Janvier dernier.

La Bibliothéque de M. P. étoit nombreuse & bien composée, non seulement en livres de l'art, mais encore en littéra-

---

(*a*) M. de la Martiniere vient d'en donner tout récemment une preuve bien complette, en se départant en faveur de Madame Pierrot du prix de la Lieutenance qu'il a accordée à M. la Flize. Ce procédé de M. de la Martiniere est d'autant plus généreux que cette finance est presque double de celle pour laquelle M. P. en avoit été pourvu.

ture. C'eſt à tort qu'on a voulu blâmer en lui ce goût de la poëſie & des belles-lettres, comme s'il eut été capable de lui faire perdre un tems précieux dont il eut mieux fait de diriger l'emploi du côté des ſciences. Que d'injuſtice dans ce reproche ! L'énumération de ſes travaux utiles n'a-t-elle pas eu droit de vous étonner ? Eh ! quoi, MM. parce que nous avons embraſſé une profeſſion ſérieuſe, dont les longues fatigues & les déſagrémens perpétuels ſont à peine ſuſpendus par quelques inſtans de gloire ou de plaiſir ſi courts & ſi rares... Serons-nous impitoyablement condamnés à n'oſer prendre dans des lectures auſſi amuſantes qu'inſtructives un délaſſement honnête ? Le commerce des muſes communique à ceux qui les cultivent cette aménité de mœurs & de caractère, ſi deſirable dans ceux que leur miniſtere dévoue au ſervice du public. Loin de nous ces ſavans hériſſés, qui voyent tout dans la ſcience qu'ils profeſſent, qui pour trop croire à la Médecine, ne l'honorent pas par leur foi ! Loin de nous encore ces agréables, qui ſont aſſez à plaindre eux-mêmes, pour plaindre ſincérement, diſent-ils, la manie de ceux qui forment des Bibliothéques ! Celle de M. P. étoit compoſée de maniere à faire l'éloge de ſon goût, & ſon empreſſement à la fournir de tout ce qui en pouvoit augmenter l'utilité ou l'agrément, sera toujours un des traits qui feront le plus d'honneur à sa mémoire.

Son mérite ne se borna pas au choix judicieux des bons livres qu'il possédoit. Les extraits qu'il en avoit fait pour son usage, sont la preuve d'un goût fin & délicat, d'un jugement sûr & exquis. Rien, MM. ne ressemble moins à ce qu'on nomme communément des compilations, que les écrits de M. P. Ce sont des recueils choisis dans lesquels il avoit disposé par ordre de matieres, ce que ses lectures & son expérience lui avoient appris de plus remarquables. L'art de guérir s'en fût enrichi, un jour, si une mort prématurée ne l'eut empêché d'y mettre la derniere main (*a*).

Il faut encore ajouter, à ceux dont j'ai eu l'honneur de vous parler, près de trois volumes *in-folio*, que M. P. avoit intitulés *Bibliothéque de Médecine & de Chirurgie*,

---

(*a*) Ces ouvrages, quoiqu'imparfaits n'en ont pas été recherchés avec moins d'empressement par ses amis. M. W***, jaloux d'en avoir la préférence, sans autre ambition que celle de posséder ces divers monumens des travaux de son ami, sans autre motif que celui de trouver, ainsi que dans d'autres occasions, un prétexte honnête d'augmenter, par sa libéralité, le prix de la vente à laquelle les circonstances avoient forcé la veuve & les orphelins de M. P. cet ami généreux a retenu au prix qu'on a voulu y mettre tous ces différens manuscrits.

& dans laquelle il raſſembloit une note de tout ce qui paroiſſoit de nouveau relativement à l'art de guérir. Son plan comprenoit les extraits de livres, de thèſes, de diſſertations, les annonces, avis, queſtions, problêmes, obſervations, remarques, prix propoſés par les Académies. Nous avons encore trouvé parmi ſes manuſcrits un *Cours des maladies de Chirurgie qui attaquent les parties molles*. Il l'avoit mis par demandes & par réponſes, pour en faciliter l'uſage à ſes éléves, à l'inſtruction deſquels il l'avoit deſtiné. Mais celui de tous ſes ouvrages qui mérite le plus d'attention, c'eſt ſon grand *Dictionnaire raiſonné de Chirurgie*, en huit volumes *in-4°*. C'eſt vraiment, MM. une Encyclopédie chirurgicale, à laquelle ſans doute il ſe propoſoit encore de faire des additions. Certains articles ſont pris en entier du grand Dictionnaire Encyclopédique, & la citation n'eſt pas omiſe. M. P. n'étoit pas moins éloigné de la baſſeſſe du plagiat, que la folle vanité d'un auteur qui ne veut rien emprunter des autres. Je ſuis très-perſuadé que cet ouvrage, revu par un maître de l'art, & un peu corrigé par la partie du ſtyle, mériteroit l'impreſſion, & ſeroit le meilleur de ceux qui ont encore paru en ce genre.

M. P. avoit donné beaucoup d'application à ce Dictionnaire, prenant même, pour y travailler, sur son sommeil, les heures que ses occupations multipliées lui refusoient pendant le jour. Il n'est pas douteux que ces veilles forcées n'aient contribué à communiquer à ses humeurs, un principe d'échauffement & d'alkalescence, qui, secondé par une fiévre accidentelle, a pu porter à sa santé, la plus funeste atteinte. Ne cherchez pas d'autres causes de cet événement qui vous a couté des larmes, dont l'amitié laissera difficilement tarir la source; n'en accusez pas d'autres, MM. que ce zèle infatigable de votre ami pour des devoirs auxquels on le vit se sacrifier, tandis qu'il fut le seul à croire qu'il n'y ajoutoit rien par surérogation ? Victime respectable de l'humanité, il trouva la mort, en cherchant à rendre la vie aux autres, & ce n'a été qu'en abrégeant ses jours, qu'il a prolongé ceux de ses semblables.

Je me hâte, MM. de vous arracher à ces réflexions tristes pour vous dire encore un mot du caractère de M. P. Il ne se rendit pas moins aimable par ses mœurs douces & ses qualités sociales, qu'estimable par ses talens. Vous vous rappellez les traits de son visage : l'œil vif & spirituel, le regard noble & agréable, une belle carnation, l'ensemble d'une phisionomie riante & débonnaire, qui portoit l'empreinte de son ame, & jamais il n'en fut de moins équivoque que la sienne. Il eut un fonds de gaieté inépuisable, & soutenue par les ressources de l'esprit, qui seules peuvent lui communiquer de l'agrément, une source de plaisanterie dont les épigrammes ne faisoient jamais les frais aux dépens de la politesse; saisissant avec vivacité le ridicule des choses & des écrits; mais sachant toujours respecter les personnes, & n'usant même qu'avec réserve des droits que l'amitié & la familiarité permettent, il est vrai, mais quelles sont presque toujours obligées d'excuser. Vous savez, MM. combien il fut fertile en bons mots, & que cette qualité ne lui couta jamais un ami. Je conçois même qu'elle eut pû lui en acquérir par la variété, l'enjouement & l'intérêt, que cette facilité répandoit dans sa conversation.

Cicéron a senti le tourment que doit éprouver un diseur de bons mots, lorsqu'il est forcé de ménager les personnes, & de savoir taire à propos les plaisanteries & les sarcasmes qui lui viennent facilement à la bouche (*a*). Un railleur de profession est

(*a*) *Hominibus facetis & dicacibus difficillimum est habere hominum rationem & temporum, & ea quæ occurrunt, cum salsissimè dici possint tenere.* Tull. de orat. lib. II. §. 67.

obligé de s'obſerver, de s'écouter, pour éviter ces inconvéniens. La vivacité de M. P. ne lui eut pas permis une pareille circonſpection. Heureux de pouvoir, ſans contrainte, ſe livrer à ſon naturel plaiſant & enjoué, aux ſaillies fréquentes qu'il lui ſuggéroit, la volubilité de ſa langue répondit à la ſucceſſion rapide de ſes idées. Il avoit la répartie vive, l'expreſſion aiſée & naturelle comme la penſée qu'elle rendoit, & il eut le talent rare de parler beaucoup, de parler de tout, de plaiſanter ſouvent, & de n'être jamais ni ennuyeux, ni cauſtique, ni embarraſſé.

Que j'aime à m'arrêter, MM. à cette qualité ſi aimable de l'eſprit & du cœur, à cet enjouement ſi précieux, que nos Héraclites modernes voudroient reléguer parmi les jeux de l'enfance, & qui fut toujours le charme des ſociétés les plus délicates. Eh! quoi? la ſageſſe eſt-elle moins vertueuſe, moins reſpectable même avec la ceinture des graces, que ſous le manteau de la triſteſſe? Que je regrette cet ancien tems de bonne humeur & de bonne hommie gauloiſe dont il ne reſte plus de traces qu'au pied des Alpes! Que je regrette cette joie franche & pure que perſonne ne cenſuroit, parce qu'elle étoit commune à tous, & qu'une maudite *étiquette*, ne s'étoit pas encore

core avisée de lui prescrire des bornes ! Eh ! *malheureux qui péchés sans plaisirs* ! dirois-je à la plûpart de ceux qui s'imaginent en goûter ; je n'envie ni vos richesses, ni vos grandeurs, ni cette considération philosophique dont vous êtes si jaloux. Me préserve le ciel d'en jouir au prix de la représentation à laquelle vous êtes condamnés ; au prix de la monotone variété de vos brigues, de vos soupçons, de vos craintes ; au prix du lourd ennui qui accompagne votre gravité misantrope ; au prix de la santé qui ne s'achete point, & qui se plaît à prodiguer ses faveurs à ceux dont l'esprit sain, content d'une honnête médiocrité, n'est exposé ni à la jalouse ambition, ni aux remords cuisans, ni à la mortification des insuccès. Votre teint livide, votre air sombre & mélancolique, sont les tristes témoins du mal intérieur qui vous ronge, de même que le contentement de l'ame, passe sur la phisionomie de celui qui l'éprouve & en anime tous les traits.

Deprendas animi tormenta latentis in ægro
Corpore, deprendas & gaudia ; sumit utrumque
Inde habitum facies.

Juven. Satyr. IX.

» L'ame qui loge la philosophie, « dit le bon Montaigne, à la Comtesse de Gurson, » doit par sa santé rendre sain aussi le

» corps; elle doit faire luire jusques au-
» dehors son repos & son aise, doit for-
» mer à son moule le port extérieur, &
» l'armer par conséquent d'une gracieuse
» fierté, d'un maintien actif & alaigre,
» & d'une contenance contente & débon-
» naire. La plus expresse marque de sa-
» gesse, est une esjouissance constante.
» Son état est comme des choses au-des-
» sus de la lune, toujours serein (a). «

Ne vous semble-t-il pas, MM. que ce soit de M. P. que Montaigne ait emprunté ce portrait du philosophe aimable ? Ce ne furent ni l'étalage des grands sentimens, ni la répétition fastidieuse des paradoxes modernes, ni de vaines déclamations contre des abus quelquefois plus nécessaires que leur reforme ne seroit utile, ni un ton de singularité & de mécontentement, qui caractériserent sa philosophie. Elle fut moins en propos qu'en actions. Bon citoyen, bon mari, bon pere, sa premiere satisfaction fût celle de faire le bien, la seconde, de jouir de soi-même & de tous les avantages que le Créateur a attaché à notre existence. Les devoirs qu'il eut à remplir tinrent

---

(a) Essais de Mich. de Montaigne, liv. 1. chap. xxv De l'Institution des enfans, à Madame de Foi, Comtesse de Gurson.

toujours la premiere place. Les plaiſirs auxquels il ne fut pas inſenſible marcherent immédiatement après. Né pour la ſociété, fait pour apprécier le charme de ces douces erreurs qui font les délices des ames délicates, la tendre amitié, la vive Thalie, l'aimable Terpſichore, la mere des Graces, Flore & le Dieu du Pinde, & celui des raiſins, ce Dieu que le ſévere Caton lui-même n'avoit pas trouvé indigne de ſes fréquens hommages (*a*), partagerent les loiſirs de M. P. & varierent ſes délaſſemens; mais vous le ſavez, MM. la bienfaiſance & l'humanité n'y perdirent jamais leurs droits. Le moindre ſignal du pauvre en ſouffrance faiſoit diſparoître le convive aimable, pour voler à ſon ſecours. Vous avez vu plus d'une fois la promptitude de la métamorphoſe qui s'opéroit alors en lui. Un propos badin, un bon mot, un conte plaiſant qu'il venoit de commencer, expiroit ſur ſes lévres au nom de l'affligé. L'attention la plus ſcrupuleuſe, l'examen le plus exact ſuccédoient à la légereté des faillies & à la diſſipation. Epicure & Anacréon avoient diſparu, il ne reſtoit que Le Cat & La Peyronie.

(*a*) *Narratur & priſci Catonis*
Sæpè mero caluiſſe virtus.
Horat. od. lib. III. od. XXI.

Le jour même où M. P. tomba malade, il avoit fait, à l'Hôpital de St. Charles, l'opération du trépan à une jeune fille à qui il a ſauvé la vie. Les pauvres regrettent en lui un pere & un bienfaiteur; les autres citoyens, les Médecins & ſes confreres, un homme auſſi aimable que ſavant, dont les talens formoient, à Nancy, une partie de la ſécurité publique. Vous avez perdu, MM. un ami digne de vous (*a*). Il n'a laiſſé à ſes deux fils & à ſa fille qu'une fortune médiocre & fort inférieure à celle qu'un peu moins de déſintéreſſement lui eut permis d'acquérir. Mais il leur a laiſſé le plus grand bien dans l'attachement que vous leur avez ſubſtitué. Puiſſent-ils hériter de toutes les qualités de l'eſprit & du cœur, qui vous avoient rendu leur pere ſi cher! Qu'il vive à jamais dans votre ſouvenir, & que l'idée flatteuſe d'y occuper une place, faſſe encore éprouver à ſon ame, ſenſible juſques dans le ſéjour même de l'immortalité, une jouiſſance digne d'elle!

(*a*) Il eſt mort le 31 Mai 1773.

Permis d'imprimer. Nancy ce 22 Juillet 1773. URION.

www.ingramcontent.com/pod-product-compliance
Ingram Content Group UK Ltd.
Pitfield, Milton Keynes, MK11 3LW, UK
UKHW021041180726
13838UKWH00004B/1941